달을 보니
별이 그립다

달을 보니 별이 그립다

이병수 시집

도서출판 두엄

2019

序文

두 번째 시집을 묶는다
너무 오랫동안 황토밭에 있었다
이랑이랑에 덮어 두었던
싹이 덜 자란 것들을 거둔다
지난날들의 고개 숙인 이삭들은
곳간에 간직하고 싶었다
땡볕에서 바람에 쉬고 있을 때
불쑥불쑥 끓어오르는 건 무엇이었을까
아직도 무엇이었을까 생각한다
이른 봄 새순으로 자라나는 것들과
늦은 가을 익은 것들을 거두는 일
거둔다고 다 기쁘지는 않다
흔들리는 세상에서 다분히
논리적이지 않는 침묵을
끝까지 하고 싶었을 뿐이다
시를 쓰는 것보다
흙과 함께 하는 날들이
나의 시가 될 것 같다.

2019년 여름밤, 불꽃이 춤추는 낙화놀이

두문마을에서 이병수

차례__

제1부 _ 내가 그린 수묵화

제2부 _ 찬 서리 맞으며

제3부 _ 또 다시 하늘로 솟아오르며

제4부 _ 어떤 모습으로 변했을까

제5부 _ 우리가 눈 깜짝할 사이

제1부

내가 그린 수묵화

달을 보니 별이 그립다

어머니가 묻어놓은 비밀은
늘 눈물입니다
아버지가 감추고 있는 것은
무거운 침묵입니다
내가 갖고 있는 상처, 별이 되어
어머니 가슴에 가시가 되어 꽂혀있고
내가 버린 아픔은 달이 되어
아버지 가슴에 못이 되어 박혀 있습니다
세상 시름 다 잊고
떠도는 구름 속에
별빛이 숨어버리고
달빛이 갇혀 버리면
어머니의 눈물이
아버지의 아픔이
소낙비가 되어
강물 위에 쏟아집니다

고통을 쓸어내리며!

땀방울

땅을 일군다
희망을 뿌린다
생명을 키운다
기쁨을 수확한다
행복을 담는다

땅은 속이지 않고
세월은 거짓이 없다

고구마 꽃

한 근도 못 되는 몸무게
하늘이 낮아 위로 크지 못하고
땅은 넓어서 열두 척 장신으로 쭉쭉 뻗어
보리가 살다가 내놓은 황토밭에
얼키설키 살고 있네
그렇게 한 달 두 달 사는 동안
모자람 없이 한낮을 주어도
지은 죄 없이
피우지 못하는 고구마 꽃
기다리다 지친 시간 또 한 해가 훌쩍 지나간다
그래도 잊을 수 없고
버리지 못하고 기다린 보람
이천구 년 구월에 나팔꽃을 닮으며
연분홍색을 물들이며 수수하게 피어난 꽃
오십육 년 만에 처음 만나보는 고구마 꽃
꽃병에서도 죽지 않고
피고 지고, 지고 피고

여백

내가 그린 수묵화 그림에
세월의 깊이가 새겨 있고
우리가 만든 달력에
내가 몰랐던 시작이 있고
보이지 않는 끝이
꼬리를 물고 다가온다

자를 수 없는
오늘
후회는 백지로 접어두고
늦지 않은 사랑
모나리자 보다
뜨겁게 그려 넣으리라

시방

햇살의 가시에 찔려
화려한 단풍으로 수를 놓으며
깊어가는 가을
터벅터벅 걸어
하얗게 지워버리는 그 속에 들어와 살면서
나는 연탄불에 한 몸 되면서
그대가 숨 막히게 보고 잡다

시방

오늘. 1

하늘의 허락도 없이
핵융합처럼 폭발하는 세월
쉬어갈 곳이 없어
이별은 내일을 모르고 훌훌 떠나고
새 생명은 어제를 잊고
무대의 주연으로 오늘 태어난다

나는
청산 같은 건강도 꽃 같은 행복도
아침햇살 같은 행운도 모르고
황토밭 품속에서 튼실하게 자란
밤고구마와 호박고구마를
문화재 장인이 만든 곡괭이로 조심스럽게 캐어
오늘을 살찌우며 단풍이 연출하고
억새꽃이 공연하는 눈부신 무대를
황홀하게 관람하고 있다

별 하나

덕유산에서 떠오르는 샛별 하나
유난히도 반짝이다
손에 잡히듯이 다가오더니
멀어지는 저 별은 누구 별!
눈밭에서 주워 봐도 임자가 없고
호수에서 건져 봐도 찾는 이 없어
밤마다 그리움으로 얼어붙은
내 창문을 열고 다가와
가슴 뜨거운 빛으로 온몸에 파고들어
눈물이 마른 수건은 심장 깊숙이 쌓여
가슴 아픈 못으로 남아
구름이 머물고 갈 때마다
눈물을 몰래 닦고
슬픔을 겹겹이 감춰
오십 년을 닦고 닦아
눈부시게 빛나는 샛별 하나
아홉 살에 헤어지면서

어머니가 주고 가신 선물을
고이고이 꺼내어 손에 들고

환갑이 지난 사내가 혼자 웁니다

느릿느릿

벼 이삭 무게에
생명을 의지하며
봄날에 희망을 품고
여름날에 정열을 뿜어내고
가을날에 기쁨을 자아내고
눈 오는 겨울날
아랫목 구들장에
언 몸을 녹이며
달려온 세월보다
달려갈 세월이 빠른 날
삶은 밤고구마 들고
이웃으로 달려가
밤새도록 웃음꽃 피우고
정 가득 채우며
느릿느릿 걸어가리라

더위야 가라

하우스에서 작물을 수확할 때면
땀방울이 봇물처럼 흐르고
갈증으로 입은 사막같이 메말라
물의 소중함과
그늘의 고마움을
어찌 말로 표현을 다할까!

기세등등하던 무더위도
세월 앞에 꼬리를 내리며
우리가 간직했던 꿈들
가을바람에 깜박거리며
흰 머리카락을 세어 가고
초저녁에 잠들었던
나팔꽃은 새벽에 일어나
나를 덕유산 황골 계곡으로 오라 한다

쉬었다 가련다

나는 밥만 먹고 일만 하는데
세월이 내 거친 손을 잡고
봄 동산으로 데리고 와 꽃을 피우고
여름을 불러 정열을 불태우고
우수에 젖은 가을 단풍에
시인을 탄생시키고
겨울 눈보라는 철학자를 잉태하는구려

봄 여름 가을 겨울
너만 가거라

감칠맛 시인이고
깊은 철학이고
다 싫다
나는 이 자리에 쉬었다
가고 싶구나

정자나무

안성 땅 죽천리 신무 마을
천생연분으로 굳게 맺은 부부 정자나무
너와 내가 좋아한다는 말보다
천년을 빌려 오늘 죽어도 좋을 만큼
내 몸은 네 것이 되고
너의 마음은 내 것이 되어
천년을 하루같이 하루도 변함없이
뜨겁게 손을 잡고 용접으로 묶은 포옹을 하고 있다

만약에 내게도 천년을 빌려줄 수 있는
단 한 번 능력을 주신다면
아낌없이 주고 싶은 부부 정자나무

수억 년을 하루같이
푸른 하늘에서 뜨겁게 살다가
서산으로 지는 해도
밤새워 부러워했는지
한날 한 시에 살다 갈 것을 빌고 있다

바람아!

세상에
형체도 없는 것이
그림자도 없는 것이
고개도 잘도 넘고
강물도 쉽게 건너
바위에 부딪혀도 쉬어갈 줄 몰라
가다가 만나는 게 인연이고
가다가 헤어지는 게 이별인 것을
스쳐 지나간 뒤에 아파오는지
그때는 몰랐습니다

심한 바람에 벼 이삭이 쓰러지고
수수가 꺾어지면
네가 얼마나 원망스럽고 미운지
고추 수확에 흘린 땀방울 식혀 줄 때는
얼마나 시원한지
너무 고맙지요

찬바람이 문풍지를 울릴 때면
어머니의 체온이
내 몸속으로 파고들어
떠날 줄 모르는 구려

봄비 오는 날

연탄불보다 뜨거운 황진이 치마가
담장 너머 봄바람에 휘날리고
3월 독립만세로 달구어진 태극기는
입춘 대문에 펄럭이며 봄비를 맞이한다
희망으로 가득한 새싹은 파란 꿈을 꾸고
사랑하는 사람이 곁에 있어도
또 보고 싶어
어머니가 빚은 동동주 한 잔을 마셔
밤새도록 그려도 못 그리는 얼굴
내 몸을 녹이며 아지랑이처럼 피어오른다
단비 속에
생명의 소중함이 무게를 더해가고
그리움에 푹 빠져있던 꽃송이들
쌩긋한 미소로 피어나고
죽도록 미운 사람도 용서가 된다

산은 산으로 살고

물은 물로 변함없이 살고 있는데
육십이란 굴레에
뻐꾸기 노랫소리는
지금까지 건강하게 살아온 삶에 감사하며 기쁘고
어느덧 이슬처럼 사라진 청춘이 그립다
아쉽지만 이제는 욕심도 야망도 내려놓고
주름살에 새긴 남은 인생
정자나무처럼 그늘이 되고
맑고 고운 강물처럼 살고 싶어
봄비를 맞고 있다

명천마을에 대금 울림

무주 안성 명천마을에
전국 대금 애호가들이 한자리에 모여
대금산조 신풀이를 한다
구름에 달 가듯이
덕유산에서 소쩍새 울듯이
선녀가 하늘에서 내려오듯이
명천호 심금을 울려
덕유산에서 흐르던 수정 같은 물
명천호에 잠시 머물며
별을 두고 가는 달을
품에 안고 너울너울 춤을 춘다
원통사 목탁소리도 법당 문 활짝 열고 내려와
염불소리 잊고 한 몸이 되어
속세에 지친 영혼을 포근하게 감싸주며
나를 무릉도원에서 헤매게 한다
담장 너머로 새봄을 맞이한 목련화도
물보라처럼 가슴을 설레며
젖무덤으로 아릿하게 피어오른다

산 앵두

쌀 한 되박도 먹지 못하고
일만 하셨던 할머니
내 크면 편히 모시리라
서울은 꿈결마다 열리고
구천동 물소리는 밤마다
고사리 손을 놓지 않고 당긴다
그 꿈속에 자란 십구 세 효석이
지게랑 쟁기랑 집어던지고
달빛 밟으며 단봇짐을 싸서 서울로 떠났고
사래긴 콩밭에 광목 적삼 적시며
바래기 풀 메던 효선이 처녀
서울이 그리울 때마다 들려오는
옥류동 비파담의 울림소리
백련사 대웅전에서 삼천 배 합장으로 머물고
그리움의 덩어리는
도자기 굽는 장작불보다 더 뜨겁게
온몸 구석구석 파고들어
붉게 시어버린 산 앵두

일기장

빗장 걸은 가뭄의 문을 열고 나와
두문리 개금평 뜰에 햇살과 승부차기에서
한골 넣고 기세등등한 단비
논과 밭에 촉촉이 내려
어린모는 실눈 뜨며 튼실하게 자라난다
파란 이파리에
눈물 나도록 고마워
그윽한 눈에 정이 쏟아지고
구슬땀 방울은 내 등 가슴에
실타래 풀듯 일기를 써 내려간다
나는
틈새 없이 쓴
일기장을 등 가득 메고
땅거미 밟으며
집을 향해 바쁘게 걷는다
한걸음 마다마다
아내의 기다림은

겹겹이 쌓인 피로를 벗긴다

하얗게

모르겠다

강산이 열 번 변해도
변할 줄 모르는 맏손자 사랑
늘 할아버지 제사상에
장손의 술잔이 먼저 올라간다
하늘보다 무거운 장손 멍에
딱 한 번만 벗어보리라
떼를 쓰고 빌어보았지만
한순간도 벗을 수 없는 굴레
죽어서도 변하지 않는 명예
아름다움으로 간직하기 위해
늘 제사 때마다 배우고 익혀
좌포우혜 어동육서 홍동백서 조율이시
잊어서는 아니 된다
사과 포도 참외 수박은 있으면 좋고
없어도 그만이다
갈치 꽁치 멸치 김치 고춧가루는
제사상에 놓아서는 아니 된다고

잊으려고 하면 신신 당부 말씀 모두 다
사람의 축복을 받는 음식인데
세상은 세월보다 빠르게 변해 가는데
영영, 놓지 말아야 하는 건지
지금도 나는 잘 모르겠다
누구의 잣대에
정답이 있는지
참말 모르겠네

갖고 싶다

갖고 싶은 욕망에
부싯돌이 다가오는 것은
자연스러움을 마음에서
먼저 느껴온다
매일 반복되는 기도가
정성으로 소망이 이루어지는 날
그 마음을 알고 있는 듯
부싯돌은 갖고 싶은 가슴에 불 지펴
용광로 불꽃으로 타오르는 뜻은
강을 건너도 좋다

강 건너에 무릉도원이 있다는 믿음은
천국의 세계로 자리 잡아
나를 잊고 있다
나를 지워버린 물결에
등대불은 길을 열어
내일을 비워버린

오늘이 달려간다
금을 캐려!

제2부

찬 서리 맞으며

집을 지으며

이십 년은 부모에게 살았고
이십일 년은 내 인생이 시작되며
천 길 벼랑을 오르고
만 리 모퉁이 길을 걸으며
뒤돌아보지 않고 뛰고 뛰어
초가삼간 움막집에
홍부 자식보다 조금 적은
사 남매를 건강하게 키우고
돌아다보니 육십 환갑이 내일 모래인데
새집을 언제나 지어
아내와 애들에게 선물할까
사십 년을 꿈꾸어 온 일이다
누가 말했던가 꿈은 이루어진다고
드디어 계사년 환갑
새집을 4월에 시작하여
주황색 기와집을 완공하여
십일월 오일 입주식을 했다

궁궐이 이보다 더 좋을까
저승에 계신 부모님도 자식을
바라보며 참으로 대견 하구나
기뻐하시겠지요

좋은 날

두문마을의 실버학당에
한글을 배우려는 열기가 화산처럼 타오르고
백 년 된 나무는 나를 가슴 깊이 끌어안으며
한글 문 열어 달라 하신다
엄동설한에 지극한 나의 정성으로
살며시 눈 뜨는 날
이 세상 살면서 최고 좋은 날은 어느 때입니까?
가까이 다가가 물어봤지요

모래 댁은 본인 생일, 한걸음 댁은 자식 생일
노루고개 댁은 남편 생일, 배냉기 댁은 부모 생일

벌통말 댁은 설날, 호로리 댁은 추석
여우내 댁은 결혼기념일, 신댕이 댁은 아들딸 결혼 날
말바위 댁은 아들딸들이 학교 입학하던 날
샘내 댁은 나락 타작하던 날……

맞습니다, 맞지요 그러나
우리들이 살면서 최고 좋은 날은
바로 오늘입니다
과거는 지났고요 미래는 모릅니다
그래서 오늘을 위해 즐겁고 행복하게 살아갑니다
어르신들의 박수는 지붕을 날려 보냈지요

봄날은

숨이 막히듯 달아오르는 入春大吉은
새색시 옷고름 풀듯
설렘으로 얼어붙은 빗장을 푼다

대장간 쇳물 녹이듯이 建陽多慶은
개선장군처럼 환영을 받으며
성황당 고개를 넘어온다

복수초는 첨병으로 노랗게 피며
아직 차가운 설중매 손을 잡고
시냇물을 따뜻하게 부르며
늦잠 자는 개구리를 깨운다

매파를 기다리는 혼기 꽉 찬 처녀는
시간의 게으름에 옷고름이 타들어가고
보릿고개 오르는 어머니의 쌀독은
끼니때마다 가벼워져 걱정으로 넘쳐난다

아직 분양을 하지 않은 들판에
부지런한 씨앗들이 몰려오며
대기표를 받아 저마다 기쁨으로 가득 차 있다

기다리다 참지 못한 산수유 개나리
좋은 날 기쁜 시에 꽃망울 터뜨리며
벌 나비 품에 안고 나들이 간다

행운의 고구마 꽃

붉게 익어가는 말그리의
황토밭에 호박고구마
덕유산에서 복을 불러와
땅속에서 통통하게 살을 채우며
6.25난리가 끝난 세월에 허기진 기둥으로
당당하게 버티며 살아왔다
시간은 침묵으로 돌고 도는데
세상은 왁자지껄 변하여
우람한 문명에 기차 화통이 천지를 흔들고
전기가 어둠을 몰아내고
트랙터가 순식간에 들판을 갈아엎고
FTA, TPP에 대문이 열려 외국 농산물이 물밀 듯이 밀려와
신토불이 잡곡은 자리를 잃고 쌀도 푸대접 받으며
젊은이는 도시로 떠나고 애기 울음은 끊어져
백발로 허리가 굽어지는 농촌 하늘
하루가 다르게 높아지고 넓어진다

의학은 백세를 앞당기고
천덕꾸러기로 버림받던 고구마
오염이라는 문명의 꼬리에
금방이라도 건강으로 쏟아질 듯
새 천년에 참살이로 우뚝 자리를 잡으며
산신령이 쏟아붓는 고구마
행운의 꽃을 피운다

*TPP : 환태평양경제동반자무역협정
*FTA : 세계자유무역협정

모르고

꽃 피는 세월에
청춘가는 줄 모르고
꽃 지는 세월에
흰머리 늘어 가는데
대서에 염소 뿔이 녹아도
꿀벌은 꽃을 찾고
몰래 부는 바람은
풀 베는 농부의 땀방울 식혀주고
양귀비꽃보다 더 고운
한 떨기 봉오리로
곱게도 피어난 능금꽃
한길 깊은 꿈속에서
눈부신 미소로 희망을 노래하며
꽃은 꺾어야 맛이고
임은 품어야 맛이라고

길

끝이 보이지 않는
너를 걷다가
되돌아와 또 떠날 준비를 한다
어제는 밭으로
오늘은 논으로
내일은 산으로 갈까?
벚꽃길도 걷고 싶고
개나리 피는 꽃길
비 내리는 동업령 길
은행잎 떨어지는 적상산 길
폭풍 한설에 소머리 고갯길
잊을 수 없어
신발 끈에 매듭짓는다

*동업령 : 전라도 무주안성에서 덕유산을 오르다 경상도 거창 가는 고개
*적상산길 : 적상면 서창에서 적상산 향로봉 가는 길
*소머리고개 : 설천에서 구천동 가는 고개

길 따라

신이 살고 있는 어머니의
자궁 문을 열고 나오면
희로애락의 길은 시작되어
두 눈을 크게 뜨고
누워있는 너를 밟고
넘어지면 일어서고
일어서면 모퉁이 돌고 돌아
낯선 인연을 만나고
걷고 걷다가 잠시 쉬었다 가면
정든 인연과 이별도 한다
청춘 한 번 너 따라가면
뒤돌아 오지 않아
휘영청 밝은 달 아래
꽃나비 되어 쉬어가도
늦지 않으려만
도착지 없는 길을
영원히 살 것처럼
앞서거니 뒤서거니 뛰어간다

국화꽃

어머니 손마디 마디가
국화꽃 송이로 피어
찬 서리 맞으며
금의환향 비는 정성
아프도록 고와라

코스모스가 피기까지

부모님이 물려주신 유품
24시 수레를 끌고
오늘이라는 길을 따라
내일이라는 정글을
마디마디 건널 때마다
희망의 무게는 모래시계에 끼어
숨소리는 헐떡거리고
파김치가 되어가는
모나리자보다 더 귀한 내 몸
한시도 쉴 수가 없어
270날을 걸어 옆을 돌아다보니
코스모스가 덕유산로
문심지고(文深志高) 표석 앞에서
꽃망울을 쓰러지게 터트려
삶의 무게를 조금이나마 덜어내며
피로를 풀어주고 용기를 주며
내 눈에 아프게 박힐 때까지

몰랐네

*문심지고 표석 : 두문마을 입구에 있는 표석

둥지. 1

복사꽃 꽃잎이 뜨렁에 흩날릴 제
콩밭 매던 고생 길쌈하던 고생 다 남겨놓고
누이가 시집가며 뿌린 눈물
장독대에 고여 수줍게 피어있는 봉숭아
나는 사랑한다 말도 못 했는데
봉선화는 벌써 내 눈 속에 들어와
한 몸이 되어
터질듯이 누이가 보고 싶어지고
내 눈 속에 눈물은 가득 고인다
그때마다 봉숭아꽃은 만발하여
세세한 사연 적어 등기 속달 보내야지
맹세하고 다짐을 하지만
내일은 내일을 넘어 전하지 못한 그리움
그 세월이 얼마나 흘렀는지
아침햇살이 산을 내려오듯
밤새 눈보라 치는 줄도 모르고
달려오는 누이의 치맛자락 소리

하얗게 밤을 새워 우는 부엉이 소리
그대들은 듣고 있는가
뜬눈을 감아 보지 않고
뚫린 귀를 막아 듣지 않아도
고향을 지키고 둥지를 지키려다
피 토하고 죽어 백골이 진토 되어도
두문 덕곡 둥지를 떠날 수 없네

오늘도

천년바위가
세월에 부딪혀 용암으로 녹아
흔적 없이 강물 속에 사라져도
나는 찔레꽃이 보고 싶어 숨이 막힌다

그럴 일 없겠지만

만약에
덕유산이 서해바다로 팔짝 뛰어
둘만의 둥지로 우뚝 솟아
너를 안고 한 몸 되어 있으면
그때는 그리움을 잊고
숨을 쉴 수 있을까!

고드름. 1

처마 끝에 매달려
눈부신 속살을 드러내며 햇살을 유혹한다
짧고 힘든 삶에 거꾸로 자라면서
이별할 준비도 못 했는데
춘풍은 천리 밖에서 머물러 있는데
첫눈에 반한 햇살
급물살 타고 달려와
뜨거운 눈총을 쏘아
빗물로 부활을 하며
버림받은 여자의 비수로
뼛속을 세월의 깊이만큼 찌른다
고통과 아픔 속에
생명의 소중함을 깊이 새기며
땅으로 흘러내리는 눈물
바다로 향하는 부풀은 꿈
흙덩이를 부수고 돌멩이를 친다

덕유산에 눈이 내리면

덕유산에 눈이 세 번 내리면
마을에도 눈이 닿는다
눈이 오면 할 일이 없어
그칠 줄 모르는 세월이 미워
고장 난 벽시계 바라보다
깊은 잠이 들어 꿈속에서 놀고 있는데
딱따구리 아침 일찍 날아와
백 년을 넘게 살아온 밤나무를 쪼아대고 있다
딱따구리 소리 들리는가!
장닭 우는소리 들리는가!
나는 잠에서 깨어나
산토끼를 뒤쫓아 가고 꿩 몰이를 나간다
까투리 찾던 장끼는
눈치 빠르게 날아가고
칠연폭포 물은 바위에 부서지면서
바다를 만나려 떠나간다
아직도

해가 뜨는지 달이 지는지
벽시계는 멈추어 있는데
어느새 흰머리가 친구들을
그리워하고 있구려

동지. 2

어둠이 365일 해를 뒤따라오면서
동지 밤에 모든 피로를 풀고 잠을 자고 있는 동안
배신자는 뜬눈으로 반역을 모의하고
충신은 옳은 길을 가다가 넘어지고
간신은 자기 몸만 보전하려다 쓰러지고
현실은 현실을 살찌우며 백년대계 앞을 내다보며
등구나무처럼 자라면서 밤을 사랑하고 있었다
언제나 뒤돌아보면 한 치가 어긋나 후회스럽고
때로는 한 푼이 넘쳐 아쉬워 만감이 교차되며
사랑 미움 기쁨 슬픔 희망 절망 성공 실패
쓸어안고 동지 밤은 만찬을 열고 있다
내가 살고 있다는 나이가
새알 수제비로 뭉쳐 연회를 베풀어야만
희망찬 새해를 맞이할 수 있는가
늘 한자리에 머물 수 없다는 당신을
잘 알고 있으면서 오늘 밤이 지나면
어둠은 계단을 타고 내려가겠지

아! 또 한 살 먹는구나
숨 가쁘게 열두 달을 달려왔다
그 옛날
황진이가 눈물 흘리며 지필묵으로
한허리를 잘라 놓은 동지 밤을
나는 황진이에게 모두 쓰겠다

모정의 눈물

서해바다가 삼켜버린 해를
동해바다가 건져 올려
그대 사랑으로 피어나는 장미꽃
가슴은 빨갛게 부풀어 오르고
삼신할미가 주신 눈부신 모습은
늘 활달하고 웃음 잃지 않아
고통과 아픔도 예쁜 가시로 보여
심장을 깊게 찌르는 줄도 몰랐네
늘 자연에서 찬 서리 맞고
슬픈 눈물에서 피어난 국화만 왜 보였는지
그때는 몰랐어,

누구나 그냥 살아가는 한세상
해는 늘 꺼지지 않고 타올라
뜨겁게 익어가는 하늘에
행복의 덩어리를 쏟아부어
한참 곱게 피려는 꽃봉오리

착하게 흐르던 세월이 이유 없는 시샘을 부리며
봉오리 꺾어 품에 안고 시간이 꺾어진 뒤에야
뒤늦게 보이는 너의 고통과 아픔
후회는 숨어서 찾아오고 썩어 문드러지지도 않아
봇물 터지듯 쏟아지는 모정의 눈물
한밭 건물이 다 묻힌다

누구나 갖고 있는
고통과 아픔을 이기려 하지 않고
삶의 끈을 놓아버린 너는
사랑하는 모든 사람에게 대못 박고 떠났구나
세월 가면 대못은 삭아지겠지만
소중한 끈은 세월 가도 이을 수 없어
날마다 까맣게 타버리는 모정

제3부

또다시 하늘로 솟아오르며

농부의 혼불

매 새해가 되면
농부는 논을 갈아엎고 있다
묵은 때를 갈아엎고 있다
영양가 높은 두엄에 효소를 뿌리고 발효시켜
새살을 올리고 있다
광속에 잠자는 씨앗을 일깨워
이랑에다가 정성을 담아 심어놓고
충해에 병이 날까 두려움이 앞서가고
영양이 모자라 허약해질까 걱정이 따라 다닌다
시간은 허비 말고 억척같이 챙겨 절약해야 한다
병이 나면 손짓을 해라
처방약 내가 알고 있으니 염려 말고
잠 잘 자고 잘 먹어야 한다
언제 올지 모르는
태풍에 몸조심 하고
소낙비에 건강 굳게 챙겨
소중한 생명으로 튼실하게 자라

어머니 탯줄로 보약이 되고
풍부한 양식이 되어야 한다고
물길을 바로잡는다

가을 들녘

논 갈아엎는 농부의 구슬 땀방울
뼈와 살을 죽순처럼 뚫고 나와
논바닥에 봇물처럼 흐르고
농부는 땀방울 밟으며
바둑판같은 다랑이 논에 모내기하는 마음
바람이 불면 멍이 들까
비가 오면은 병이 들까
손발이 다 닳도록 마디마디 살핀다
벼는 큰 은혜를 밤낮 가슴에 새겼는지
오곡백과 군자로 우뚝 자라
개선장군 황금빛 갑옷 입고 눈부시게 출렁이며
안성 들녘을 굳게 지키며 고개 숙인 벼
바람도 모르는 여인처럼
정절 바람은 살며시 불어
온몸을 뜨겁게 달구고
하늘을 떠돌던 구름
덕유산 내려와 칠연계곡에

목화밭 같은 바다 만들어
산봉우리는 구름 높이 떠있는데
농부는 가을 들판의 풍년을 한스럽게 바라보며
오늘도 FTA에 서러워 울고
아내의 밥상에 고마워 운다

벼 수매

논바닥 갈며 흘린 땀방울
벼 마디 속으로 스며들어 파란 꿈을 키우고
쟁기질하다가 흘린 땀방울 당신 몸 곳곳에 퍼져
알찬 열매로 익어간다
차마 당신의 몸을 돈 받고 팔수 없음이여
내 눈빛으로 당신의 몸 쓸어안고
거칠어진 손마디로 당신 몸 어루만져
사랑을 한 몸에 받으며 살아왔습니다
타고난 운명은 젖줄로
황금빛으로 증명해야 했던가
미쳐 껍질을 벗지 못한 당신의 몸
방앗간에서 하얀 속살을 드러내며
백미로 사랑을 견고하게 증명하면서
결코 슬퍼하지 말아야 했다
오늘 당신을 수매 공판장으로 떠나보내는 날
저울에서 몸무게 재고 이름표를 붙이며
좋은 등급으로 은혜를 갚으려 한다

세월이 노령으로 변하여 몸무게는 줄어들고
입맛은 고급으로 변하면서
몸값은 나락으로 떨어져 슬프지만
결코 눈물 보이지 않고 굳은 침묵으로
수검자를 기다리고 있는 벼가마
가난한 집 쌀독에서 왕 대접받으시고
진수성찬 밥상에 부귀영화 누리시구려

나락 수매

40kg 몸무게를 저울에 달고
검자를 찍고 등급을 기다린다
수만 년을 지켜온 농자천하지대본의
대접은 해가 지날수록 소홀해지고
농민의 수고는 낭떠러지로 곤두박질하여
허름한 주머니가 또 가벼워져
피땀 흘린 보상은
FTA에 분노로 집결되어
우리의 생존권을 보장하라
자식같이 사랑하던 나락 가마니를
관청 광장에 탑처럼 쌓아놓고
두 주먹 불끈 쥐며 희망의 끈을 치켜 올린다
하늘이 무너져도 밥은 먹어야 산다
스스로 위안을 삼고
내년에는 농사를 더 잘 지어야지
다짐을 버릴 수가 없어
흙 묻은 잠바 속에 꼬깃꼬깃 집어넣으며

검사원의 손끝을 뚫어지게 바라보며
특등을 기원해 본다

여름 가뭄

논과 밭을 쇳물처럼 달구며
한번 오른 수은주는 내려올 줄 모르고
승리의 여신으로 밤을 새운다
목 놓아 기다리는 젖줄 비는
함흥차사로 오지를 않고
뻐꾹새만 엄마가 그리운 듯 울고 있다
하루가 멀게 타들어가는 삶의 터전에
블루베리 고추 작물들이
생명의 끈을 놓지 않으려고
힘든 날 지우며 미소를 띠우는 열망 속에
겹겹으로 몰려드는 햇살 두려워
아침에 눈뜬 신도 그림자를 지웠다
사립문 여는 것도 두려워 농부는
지은 죄 없이 밤낮 애타도록 빌며
기다리고 또 기다리는 빗방울
두어 달 건너오지를 않아
시름시름 죽어가는 블루베리

고추는 꽃 피는 것을 잊어버려
농사꾼의 소망
뼈를 깎는 아픔에 박혀 집안 가득 메운다

두 번 다시 만나고 싶지 않은 어느 여름 가뭄

뽕나무가 환생하는 낙화놀이

밭둑을 튼실하게 지키며
누에를 건강하게 잘 키워
비단옷으로 사랑을 한 몸에 받아오던 뽕나무
세월의 변심은 세상을 바꿔
나일론 옷에 관심이 몰리더니
시냇가에 낙화놀이도 잊고
안부도 목록에서 하나씩 빠져나가
언제 찾아올 줄도 모르면서
생명의 소중함에 꿋꿋하게 살아왔다

살아있다는 자책과 우월감으로
또다시 뽕나무는 황토 가마 화덕에서 숯이 되어
두문마을 아낙네들의 손끝에 붙들려
극락왕생 낙화 봉으로 환생을 하여
별빛도 잠들어가는 밤에 호수 위에 외줄을 타고
물속으로 떨어지는 불꽃은
환상적으로 더 빛이 난다는 것을

언제부터 알았는지 태평가 춤으로
우리의 혼을 송두리째 빼앗아
어둠을 숨 막히게 녹여
황홀한 불꽃은 물속에서
또다시 하늘로 솟아오르며
미리내 넋은 이별에 만남이 눈 속으로
시뻘겋게 타들어간다

고통 속에 기쁨으로 피는 어머니 미소같이

삶의 현장

새해 첫 기적은 만남에서부터
피할 수 없는 경쟁이 시작된다
저마다 갈고닦은 무기와
대대로 물려받은 유산으로
단단한 껍질로 공들여 만든 방패와
날쌔게 날아 독침으로 쏘는 공격
용솟음치는 성공과
추풍낙엽처럼 떨어지는 실패
종일 뼈를 깎는 고통과 로또 1등 당첨에 환희
용광로 불꽃으로 타는 사랑과
도끼로 찍는 미움으로
오늘을 놓고, 하늘에서 땅 위에서
땅속에서 바다에서 치열하다
오늘은 늘 살아있는 자의 편에서
지혜와 용기, 슬픔과 기쁨을 추첨하여 돌려준다
서로 행운을 잡으려는 소중한 생명에
강한 자는, 모르는 채 뿌리쳐도

끝까지 따라오는 나이에 약해지고
약한 자는 부르지 않아도 달려오는 세월에 강해져
삶의 현장은 보이지 않는 불꽃이
활화산보다도 더 뜨겁게 타오른다

서리태

콘크리트 농로를 달구던 뜨거웠던 날에
듬성듬성 오고 가는 농부의 발걸음은
농산물 값 하락으로 쓸쓸함이 묻어나며
순식간을 갉아먹던 벌레가 우글대며
마지막 잎새를 향해 식어가고
논두렁 지키며 이웃으로 살았던 메주콩
서리가 오기 전에 떠날 준비에 부산하다
밭둑에서 울타리로 자라던 들깨도
자리를 떠나며 법석을 떤다
대기만성으로 온몸에 서리를 맞아야
비로소 성숙이 되는 서리태
오랜 기다림 끝에 늦서리 맞고
죽어도 떨어지면 못 산다 하여
도리깨 맞으며 콩깍지 튀어나와
단풍잎 걸어 나온 만추의 햇살에
검은 피부를 윤기나게 만들어야
발효되는 은혜도 갚고

부자 되는 사랑을 받으며
백세를 지키는 건강에 일조를 하는데
하루가 멀다 하고 내리는
11월의 굳은 비에 속만 타들어간다

겨울 엽서

내 마음을 송두리째 드러낸 편지는
하얀 눈 위에서
배달도 하기 전에 떠나고 있습니다
심장 멈추게 하는 그리움은 사라졌다가
어느 순간 강물 위에 눈부시게 나타나
나를 돌아서지 못하게 합니다
외로움을 잊어버린 별빛은
강물 위에서 마주 보고 밤새 속삭이며
정을 아무나 주는 게 아니라고
훈장처럼 목에 걸어준다
밤하늘을 홀로 걷고 있는 달빛에
나뭇잎 떠난 가지에는 쓸쓸함이
동행을 하며 바람이 찾아와 울고
아직도 다 쓰지 못한 마음을
떨리는 손끝으로 또박또박 적어
전하지 못한 편지를
부엉이가 먼저 찾아와 보고 웁니다

늘, 잘 있지요!
한마디, 하얀 눈 속에 갇혀
나와 그대를 아프게 합니다

가을 강가에서

청산에 일송은 이별을 모른다
월출산 용바위는 죽음을 모른다
가을은
립스틱 짙게 바른 여자의 입술처럼
단풍은, 가슴 태우는 모습으로 물들며
서로를 닮아가고 있다
육십에 다다른 사내는
정리 정돈하다가 멈춰 놀라
가을 강가에 발을 담근다
어머니는
출산의 멍에를 벗어나지 못하고
가을 강가에 닿기 전에
삶의 뿌리를 뽑았다
한쪽이 뚫린 둥지에는 한설 바람이
그치지 않을까
시샘으로 불어오고
온갖 날 살아남은 동자는

흑진주처럼 빛나는 눈빛을 별빛에 심었다
억척스럽게 살아남아
스스로 가슴을 달구어 온 사내는
튼실한 결실을 맺은 가을을 거둬들이며
강물을 따라가고 있다

제비

세월이 서둘러 길을 떠난다
사랑하는 사람을 뜨겁게 만날 것도 아니면서
발길을 왜 그렇게 빨리 재촉하는지
제비는 발길을 뚝 끊고 소식도 없다
한때 건축가로 명성이 높아
사람의 눈길이 닿는 처마마다 집 잘 지어
사랑을 한 몸에 받으며 행복하게 살아왔지
입춘이 지나고 삼지 날 되면
제비가 홍부네 박 씨 하나 물고 와서
우리 집에 주지 않을까 홍분된 마음
졸음 속에도 가슴이 뛰고
아지랑이 처용무 춤 자락에 넋을 잃으며
정든 임 기다리는 듯 설레는데
제비는 오지 않고 삼신 할멈 바람만 불어온다
눈만 뜨면 바라보이는 마당 위에 빨랫줄
하늘에 가로누워 사는 것도 즐거움이라고
한때 제비들의 놀이터가 되고 쉼터가 되어

세월하나 흐르는 것쯤 잊고 아쉬움 없이 살아왔지
어느 날 허기진 세월에 개발이 힘센 장사처럼 일어나
사랑받던 대장간도 인정 없이 사라지고
스님이 몰래 빠져나간 절간처럼
텅 비어 있는 빨랫줄, 하늬바람소리도 섧다

새해 첫날

새해를 맞이하는 기쁨은
아직 둥지에서 둥지를 틀고 있고
보내는 슬픔은 비에 젖은 새처럼 날아와
눈꽃 핀 나뭇가지에 앉아 세월의 무게를 이기지 못하고
마지막 시간을 붙들며 글썽이는 눈물방울
무지개 빛깔을 담아 강물 위에 하나 둘 떨어지는데
개울에 쫓기는 강물은
그믐날이 빠뜨린 붉은 해를 잡으려고
하얗게 밤을 새우며 서둘러 바다로 간다
천리 길을 달려온 것도 모르고
하늘만 바라보며 누워있던 바다는
제야의 종소리에 덥석 일어나
바람을 부르고 마음씨 고운 파도를 일으켜
파도는 파도를 뛰어넘어 뒤볼 새 없이
숨 가쁘게 동해바다로 달려가
뜨거운 해를 정성스레 건져 올리며
새해 첫날을 맞이한다

나의 꿈과 희망도
해오름의 손을 꽉 잡고 힘차게 따라 나와
열두 대문을 활짝 열어
그대가 가꾸어온 텃밭에 행복을 심고
내가 일구어온 논밭에 사랑을 뿌려
주어진 삶을 곱게 살찌우려고 한다

섣달그믐날

열두 달 진통 끝에
오늘을 꼭 잡고 마지막 눈이 온다
끝은 하얗게 밤을 새운다
섭섭함이 먼저 온다
울면서 웃으면서
당신과 함께 포옹하던 넉넉한 체온이
아직도
내 알몸 속에 봉침(蜂鍼)으로 깊게 박혀
나는 두 팔로
너의 가슴을 꼭 껴안고
황홀한 봉우리에서
소망의 꿈을 깨지 않고 있다
그 마음을 아는지 모르는지
송구영신 가슴속에
아쉬움은 티끌 하나 버리지 않고
두엄으로 차곡차곡 쌓여오고
설렘은 순풍에 연처럼 갑산만큼 부풀어

새해의 만남과 기쁨을 건강하게 낳으려
그믐달 속에서 내일의 축복을 꽉 잡고
화려한 진통을 시작한다

고삐

어머니는 뽑을 수 없는 정을
가슴 깊이 박아 놓고 새끼를 꼬아
끊을 수 없는 고무줄 고삐를 만든다
언제든지
발걸음만큼 떠날 수 있고
언제나 뻗은 팔만큼 돌아올 수 있어
황량한 세상에도 메마른 벌판에도
모닥불은 꺼지지 않고
여명보다 더 눈부시게 밝아온다

천년을 주어도 모자라는 정성으로
형형색색 실을 뽑아 이어놓은 고삐

누가 슬프다고 말할 수 있을까!
누가 끊을 수 있다고 말할 수 있을까!
눈에 보이지 않는 것마저 잡을 수 있다는 바람도
하나의 고삐를 잡을 수 없어 울면서 떠나고

탯줄로 이어져 오는 고삐
따스한 침묵으로 날마다 굵어져 내게 오는데
나는 사랑하는 사람들 모두에게
목도리를 곱게 매어주고 있는 것을
난 아직 모르고 있는지 몰라

덕유산 운해

구름은 바다의 분신인 줄 모르고
백두산을 거쳐 한라산으로 내려오다
덕유산 향적봉에 머물며 바다를 만든다
바다 깊숙이 이병수가 뛰어놀던
천 년 된 둥구나무가 두문에서 살고 있고
그저 개울이 개울인 줄로만 알고 사는 곳에
송사리 피라미가 버들강아지 곁을
떠나지 않고 북적이며 살고 있다
고향에 있으면 사래긴 밭에
고생만 심는다고
어느 날 장작 한 짐 팔아
서울로 떠난 친구여!
진달래 철쭉꽃이 그때는
왜 그리 미웠던지 몰라
한 번도 거르지 않고 찾아오는
추억 속의 보릿고개
허리띠를 졸라매고 넘고 넘어

단칸방에 홀로 남은 옆집 할머니
해진 옷 사이로
뼈 속 깊이 서리가 파고든다
지금도 누구인지 모르는
뻐꾸기가 엄마를 찾고
까마귀가 늘 슬피 울어도
오늘만은
운해 품속에서 고통과 슬픔 잊어도 좋아

낙화(落火) 놀이

무주 땅 안성면 금평리
斗文 마을 서당에서
글공부하던 학동 손에
오작교로 살던 뽕나무 죽어 숯이 되고
숯은 가루가 되어
소금과 함께
한지 종이에 합방하여
캄캄한 밤에 동아줄 타고
숨 막히는 포옹으로
불꽃을 튀며
호수 위에 사뿐사뿐 낙하를 한다
아~
눈부시도록 황홀한 모습
내 청춘에 수를 놓아
고이고이 간직하여
백발 서리에 굽이굽이 펴고 싶어라

제4부

어떤 모습으로 변했을까

고향 찾아온 벗

고향산천이 그리워
찾아온 친구 명순에게
정 가득 담은 천마주 한잔 나누지 못하고
미워도 고운 세월에 쌓은
수채화 같은 추억 속에
뚝배기 포옹도 못해보고
발길을 돌려 못내 아쉽고 그립구려!
날마다 발로 밟아도
죽지 않고 살아나는 세월 속에
환갑 나이에 폭탄은 쉴 새 없이 떨어지고
후진도 없는 세월은 총알보다
빠르게 흘러가는데 영옥이 친구와
지울 수 없는 여행을 멋지게 하시는 구려
남원 광한루 가서는 멋진 도령이 있어도
멀리서만 바라보고
춘향이만 만나 보시구려!
전군도로 벚꽃 길에는

시상도 하나 잡아 놓으시고
변산 채석강 격포 백사장에는
정 깊은 그림 하나 남겨 놓으시고
안면도 태안 바닷길에는
소나무 숨소리 소라 웃음소리 정겹게 담아
내게도 전해주시구려

바람

산봉우리 넘어가던 바람은
콩밭 매는 아낙네의 젖가슴 땀을 식히며
신이 살고 있는 치맛자락 저고리에
당신을 잊고 갈 수가 없습니다
보이지 않는 당신은
밭이랑에 머물다가 해 저물어
열대야가 찾아오면 바람은 결국
이별임을 확인하고야 빠져리다
세월이 오늘 멈춘다고 해도
바람은 한자리에 머물 수가 없어
내 몸을 감돌아 허공 속으로
사라져버리는 당신의 전생은
전생이 아니라 이승임을 세세하게 느끼며
형체도 없이 떠도는 사랑
나뭇가지에 찢기고 바위에 부딪치며
바닷물을 끌어올리는
파도를 확인해야 했던가

들마루에 앉아 머리를 식히면서
아무리 생각해도 알 수 없다는 듯
나의 표정이 당신 품에 안길 때
당신은 빨리 떠나야 한다는 마음
한시도 버리지 못하고 끝내는 흔적 없이 떠나면서
다음에 또 오겠다는 약속 아닌 약속을 하면서
고개를 넘고 강을 건너간다

선유도

덕유산 텃새들이 선유도 갈매기가 되려고
그해 여름날 토요일
군산항 부두에서 배를 기다리는 동안
갑자기 폭풍으로 일어난 사랑싸움
때맞춰 뱃고동 소리 싸움을 말려 오후
래성 병수 광섭 화원 환호
쌍쌍이 갑판에 앉아 파도치며 헤엄쳐간다
숨 가쁘게 달려 도착한 선유도
육지의 삼겹살과 바다의 광어회가 조화롭게 만나
허기진 입맛을 당긴다
저물면서 빛나는 노을 속에
소주 한 잔은 때 묻은 속세를 씻으며
오는 만큼 치열한 경쟁에서 벗어나
선유도 신선이 되고 선녀가 되어
충전용 남행열차에 몸을 실었다
부부가 발맞춰 가는 자전거를 타고
용궁 속에 살고 있는 달맞이 간다

선남선녀가 되는 것 별거 없더라
선유도에 머무는
파도 구름 바람 해와 달과 별 따다가
풍요로운 가슴으로 담아
갈매기처럼 그렇게 사는 거야

정동진에 꽃이 핀다

담아도 좋은 인연은
생각만 하여도 가슴이 뛴다
그 소문 자기부상열차처럼 달려
멀리서 여행하는 시간에게
보고 있어도 보고 싶은 마음 전하며 발길을 재촉한다
소식을 전해 들은 세월은
반갑게 놀란 가슴 쓸어안고
번갯불이 떠나기 전에 내 곁에 다가와
머물면서
놓치면 후회하고 후회는 대못으로 남으니
소풍 가는 정동진 열차에 자석처럼 끌어 안긴다
열차는 서서히 달려가도 좋다면서
꽃바구니에 담은 인연 축하를 하고
천년을 아낌없이 선물하며
변치 말라는 좌석으로 안내한다
덜컹거리는 완행열차는
정동진 모래시계를 향해 종일 달린다

오늘따라 열차는 주마등처럼 달려 도착한
정동진 바닷가 금모래 밭에

물망초 꽃이 핀다

열아홉 살 모임

교복은 낡고 모자는 빛바래서
추억 속에 묻어두고
세련된 양복과 개량한복이 어우러져
어느 해 가을날 관광 수업을 받고 있다
절세가인처럼 아름답다는 태종대 이태백 바위
휴가철만 되면 철새처럼 몰려드는 광안리 해수욕장
버림받은 덕만 공주가 여왕으로 등극한 경주
소원을 간절히 빌고 우체통에 띄우면 꼭 이루어진다
는 간절곶
연오랑의 아름답고 슬픈 사랑이 전해오는 호미곶
철없던 시절이 그리워
친구들이 있어 내가 행복하다는
아리송한 철학이 드림관광 홀 가득 풍기며
오늘을 마시고 분위기에 취해버린 진풍경
하수오와 인삼의 사랑이 대단한 농진청
침묵은 금이요 서구청
대천 바다에서 바람처럼 달려가는 뜀박질

구중궁궐 같은 요조숙녀 같은 구절초 여인
쥐면 깨지고 불면 날아갈 듯한 담안 애기
선생 딸이 되어 끼를 숨긴 열아홉 살의 개그우먼
풍부한 감성을 표현하며 황진이가 되어가는 에스라인
말없이 바다만 바라보고 깊은 사색에 잠긴 해맑은 시인

되돌릴 수 없는 세월이 미워지며
보고 또 보아도
그립다!

열아홉 처녀 총각

무주 안성중학교 열아홉 처녀 총각들
청운의 꿈을 안고 뿔뿔이 헤어지던 날
눈물을 보고 눈물을 흘리며
웃음을 보고도 눈물 흘렸지
눈물과 웃음 엿가락처럼 늘여 봐도
한 자도 못 사는 인생살이
30년 넘어 만나보니 둥구나무로 자라
큰 그늘이 되고 있었다
얌전이는 교수의 현모양처
새침데기는 사장의 조강지처
껄렁이 반장은 진흥청 서기관
일등 하던 모범생은 민중의 지팡이
끼니 거르던 억척이는 무주 군수
윤리도덕 잘하더니 목사
달리기 잘하더니 체육교사
운동장 좋아하더니 사과농장
기계에 호기심 많더니 자동차 사업

장난기에 인기 많더니 울산 부자가 되었네
화가의 꿈이 짝사랑을 잊지 못하고
황진이에 반하여 시인이 되었네
모두 밀알이 되고
횃불이 되어있는 친구들

그립다!

하늘에서

인천을 떠나 프랑크푸르트 파리로
가는 하늘을 날면서
아래를 바라보니
단군의 얼이 서리고
주몽이 큰 꿈을 이루어 고구려 왕이 되고
대조영이 높은 뜻을 이루어
발해를 건국하였던 땅
그 용감무쌍한 후예들이
산천을 호령하며 말 달리던
만주 벌판이 한눈에 들어오며
지금은 넓은 초원이
하얗게 눈으로 덮여 있다
언제부터인가
중국에 빼앗겨
백두산이 장백산으로 이름이 바뀌고
주몽의 큰 꿈은 천년 속에 묻히고
대조영의 높은 뜻은 오백 년 속에 사라져

얼음 속에 누워있는 하늘을 날며
나는 프랑크푸르트와 파리에 가서
무엇을 어떻게 배워
말그리에 튼실한 씨앗을 뿌리고
밝은 등불을 켤 수 있을까

독일에 날아온 비보

유럽!
꿈으로만 배우고
꿈속에만 간직했던
그 먼 나라가
과학문명 앞에 이웃이 되어
나도 마실 나가게 되어
한 아름 부픈 설렘을
시베리아 하늘을 가득 매우며
독일 프랑크푸르트에 도착한 낯설은 떨림에
기쁨으로 가득했던 휴대폰은
절친 내성이가 저승길로 떠났다는 비보
친구야!
학창시절 아리랑 담배 피다가
반성문도 썼고
신무 마을 수박밭 원두막에서
정을 한 아름씩 나누며 즐거워했지
서울 홍재동에서는 한솥밥을 먹으며

우리의 꿈을 키워왔지
파도치는 흑산도에서
홍도를 두고 온 미련은 후회로 남고
대천 바닷가 추억은 한 폭의 그림이었지
당신의 가는 길
그리 바쁘시든가
내가 그리 미웠든가
나를 멀리 보내놓고
그 먼 길을 떠난 친구
사진으로만 남아
너무 그립구려

친구여

낙엽이 떨어지는 슬픔을
친구가 있을 때는 잘 몰랐습니다
눈이 올 때는 세상이 하얗고
안성 장날이면 주유소에서 만나 차 한 잔 나누며
아들 얘기 한우 값 얘기 농사 얘기
회갑 때는 외국여행 가자고 하다가
상섭이는 사과농사 잘 지어
일등 사과가 창고에 가득
동수는 공정리 천석꾼
벼 가마가 곳간에 넘친다
나는 천마 농사 많이 했지
기룡이 친구는 한우 많이 키워
아쉬움 없이 살만한데
어느 날 아무런 이유도 없이
밥숟가락이 지독한 시샘을 하며
친구의 허락도 받지 않고 간암 사형선고
누구의 법인지

정말 밉고 생각도 하기 싫다
다수결로 하여 법을 고치고
친구를 살릴 수만 있다면
나는 지구 끝까지 발 벗고 뛰어
모두에게 고개 숙이리
기룡이 친구여, 잘 가
내가 해줄 수 있는 것은
친구를 저승길로 보내놓고
가슴을 천 갈래 만 갈래 아파하며
눈물 흘리는 시 한수뿐이네

쎄느 강가 에펠탑

쎄느 강물을 마시며
황홀하고 위풍당당하게
파리를 지키고
루브르 박물관을
죽도록 사랑하는 에펠탑
이년 이 개월 만에 에펠에게 잉태하여
축제가 끝나면 추억 속으로
사라져야 할 운명을
파리 시민이 지극정성으로 살려
나를 심장 멈추도록 끌어안는다
오늘날
세계인의 가슴을 송두리째 흔들고
내 마음을 멈출 수 없도록 설레게 하며
보고 또 보아도
십일만 오천 개 볼트에서
눈부시게 발산하는 매력은
오늘도 파리의 야경과 잘 어울려

베르사유 궁전에 잠자던 꿈을 깨우고
여명이 밝아오면
모나리자를 안고 지구를 덮는다

마인 강가에서

프랑크푸르트 젖줄로 괴테를 낳고 키우며
온화하게 살아온 마인 강가에
유람선은 강물에 푹 빠져
깊은 잠에서 깨어나지 않고
한숨도 쉬지 않고 달려온 구릿빛 강물도
세월을 잊은 채 흘러간다
저 멀리 동창을 두드리며
숨 가쁘게 뛰어온 아침 햇살은
프랑크푸르트 하늘을 따뜻하게 데우고
긴 의자에 앉아 있는 나를 반갑게 품에 안으며
숨 막히는 포옹을 한다
밤새
철학자의 길을 산책하던 마인강 가을 공기도
내 입술에 짙은 키스를 하며
온몸으로 파고들고
등 뒤에서 병풍처럼 바라보고 있던
칠층 하얀 건물은 축복이라도 한 듯

잊어버린 햇살을 돌려 준다
건너편 산고지에
부귀영화 누리던 하이델베르크성은
가물어도 마르지 않고
비가 와도 넘치지 않는
강물을 쓸쓸하게 바라보며
프랑크푸르트를 사랑하고 있다

베트남 하롱베이를 가다

남북 전쟁으로 얼룩진 나라
통일을 이룩한 나라
후진국을 벗어나지 못한 나라
열대지방 나라
전쟁에 참전했던 나라
자연이 최고의 선물을 준 나라
3천 개의 돌섬으로 이루어진 하롱베이
쉽게 신비를 드러내주지 않고
바다가 길을 막아
걸어서 갈 수 없는 하롱베이
배를 두 번 타고나서 하롱베이
속살을 보았다
바다에서 천지를 보았다
신이 살고 있는
성스런 숲속을 간직하고 있는
여인의 궁전을 몰래
훔쳐보는 설렘이었다

도연명 이태백 황진이 시인
레오나르도 다빈치 김홍도 화가도
황홀함에 취해 넋을 잃고
붓을 들지 못했을 것이다

메밀묵 찹쌀떡

영등포구 흑석동 달동네
0시에 사는 청년학생 카리스마한 목소리
찹쌀~떡 잠자리에 들라고
메밀~묵 잠 깨어 일어나라고
폭풍 한설 눈보라에도 시들지 않고
태풍이 몰아치는 그날에도 꺾이지 않고
찹쌀~떡
메~밀~묵
비바람 몰아치고 칠흑같이 어두운
오늘 밤은 오지 않겠지
내 예감은 어김없이 빗나가고
찹쌀~떡
메~밀~묵
사~려
그때마다 주머니가 여의치 않아 사 먹지 못해도
배부른 0시에 그 목소리
얼굴 한번 보지 못한 정신일도 하사불성(精神一到 何

事不成) 그 사람

지금은 잊었지만
추억 속 목소리는 생생히 남아
어떤 모습으로 변했을까
교수 판검사 의사나 국회의원
아닐 거야, 무지 행복한 가정을 이룬 넉넉한 사람일 거야
지금은 전설 같은 이야기
고학하고 독학하던 먼 이야기
무엇이든 넘쳐나는 요즈음
십 원짜리 동전은 업신여김을 받고
자동차 엔진 소리와 함께
낭랑한 여자 목소리가 시골마을을 누비고 다니며
자반고등어 명태 조개젓 두부 국수 라면 마늘 양파 감자수제비
이동 백화점이 정오를 잊지 않고 찾아오며
아련한 추억을 만들고 있다

발자국

프랑크푸르트
하이델베르크 성터에
한 병사의 목숨을 걸고
불같이 사랑한 왕비를 잃을까
돌덩이에 굳어버린
한 서린 발자국
지금도 발자국은
떠나간 임자를 찾고 있다
혹시
나를 찾지 않을까
방망이질하는 가슴으로
발을 맞추어 보았다

제5부

우리가 눈 깜짝할 사이

중년 오늘

새벽닭 울음소리에
어둠이 꼬리를 감추며 도망을 친다
부스스 일어나는 오늘
아내가 대문을 활짝 열고
서광은 담장을 넘어온다
나도 몰래
가을을 살짝 담은 가슴에
못난 추억이 찾아들고
후회보다 아쉬움으로 얼룩진 그날이
미소로 아물며
거칠어진 두 손에 삶의 무게가 실린다
이제는
지는 잎새에 미련을 싣지 말고
빛바래기 전에 못난 기억 쓸모없는 고집
강물에 다 버리고
이 세상의 좋은 말 멋진 글
흙 속에서 진주 캐듯 모아

욕심을 채웠던 그 자리에
화를 참지 못했던 그 자리에
차곡차곡 채워
촛불 되게 하여 주소서

억새꽃

아버지 지금도 보고 계시는지요

억새꽃이
아버지의 발자국 소리를
고스란히 간직하고 있는
길을 바라보며
깊어가는 가을의 마지막 공연을 하기 위해
논두렁에서 막을 올린다
황금보다 비싸게 익은 벼는
주인을 따라 떠났고
여름내 땀 흘리며 연습하던
배우들만 남아 작별 공연에 열중이다
간간이 지나가는 자동차 바퀴소리는
세상 떠도는 바람과 스쳐가고
홀로된 중년 아줌마가 뒤늦게 찾아와
내가 있는 줄도 모르고
가슴 깊이 숨겨 놓아둔

쉼표 없는 일기장을 풀어 놓는다
한 보따리 풀고 나서 나머지는
거시기가 있어 얼른 가슴에 껴안고
눈물 글썽이는데 억새꽃이
오늘은 오늘을 위해 살아야 한다며
파도치는 부채춤으로
가로등 불빛 아래 숨 막히는 밤 공연을 한다

깻잎 인연

우리가 눈 깜짝할 사이를 찰나
손가락 한번 튕기는 시간을 탄지
숨 한번 쉬는 시간을 순식간
오늘을 떠나지 않고 살고 있다
수행이 깨달음으로 이어지는 힌두교에서
4십3억 2천만 년을 한 겁
우리의 인연은 전생에서
5백겁을 만나야 옷깃 한번 스치고
2천겁의 세월이 지나야 하루를 동행하며
5천겁의 인연이 있어야
이웃으로 만날 수 있고
6천겁의 덕을 쌓아야 하룻밤을 보낼 수 있다는
그라운드 안에 우리는 갇혀 살지요
그 엄청난 큰 틀에 축복을 받으며
살고 있는 이 순간도 황홀한데
더 많은 업으로 황토마을 펜션에서
찢어진 나뭇잎에 그대와 짝이 되어

불난 가슴은 꺼질 줄 몰라
한잔 술은 기름으로 흐르고
순식간은 블랙홀로 흘러 잊으려 했는데
진주 시냇가 축제에서 깻잎으로 또다시 만났네

오늘 밤

호수에 달이 뜬다
그림자가 물결에 몸을 떨고 있다
흘러간 세월
물동이 호미 자루 던져놓고 서럽게 울던
이웃집 처녀가 아련히 떠올라
구깃구깃 감추어 두었던
정 하나가 나도 몰래
보약으로 스며들고
1980년 냉해로 쓰러져 쭉정이가
되어버린 벼 이삭에 텅 빈 가을
삶의 무게가 너무나도 무거워
원망으로 하늘에 가득 차
하늘을 보지 못하고
물속에 둥근 달을 쳐다보며 몇 번을 따려고
발만 동동 구르다가 용기가 없어
뼈 깎는 아픔을 잘라
지푸라기 심정으로

땅에 믿음을 다시 심어
하늘을 보고, 별을 보며
죽는 것 말고
세상에 못할 게 없다

가로등

별이 잠든 밤에 대문 열고 나서면
홀로 나를 반기며 살고 있다
시멘트 길에 사라지는 내 발자국
뚫어지게 바라보고
이른 새벽에 소를 몰고 나갈 때도
뉘엿뉘엿 해가 저물어
바짓가랑이에 흙투성이 범벅이 되어
개선장군처럼 돌아올 때도
한눈팔지 않고 고지식하게 바라보고 있다
아버지가 세월의 무게에 눌려
눈을 감고 상여 타고 떠날 때는
북망산천 가는 줄 알고 있는 듯
고개 숙여 밤새워 명복을 빌고 있다
금년에도 아버지가 남겨놓은 논밭에
벼 콩 참깨 고추 마늘 무 배추들
건강하고 튼실하게 자라는 것 보고
집으로 돌아오면

가로등 불빛이 먼저 달려와
밤을 잊으며 환하게 웃고 있다

보름달

대장장이가 쇠망치로 부수고
나무꾼이 무쇠 도끼로 찍어도
흠집 하나 없이 달려가는 세월
담배씨 같은 시간 하나 던져주어도 축나지 않으련만
눈길 하나 주지 않고
삼태기에 가득 담아 강물에 버리고 있다
강둑을 막아 시간을 낚을 수 있는
강태공으로 태어났다면 모두 건져 올려
밝은 보름달로만 살 수 있을 텐데
봇물 터지듯 흘러가는 구름에 온몸이 떠밀려
손발은 모두 달아나 알몸으로
불편한 것 하나 없이
은하수 밤하늘에서 눈웃음치며 살고 있다
지금까지 몸살 한 번 모르고
허공을 걷고 또 걸어도
쉬어갈 곳 하나 없이 돌고 도는 삶
이른 새벽부터 먹이 찾는 새처럼

초저녁부터 초침하나 놓치지 않고
차곡차곡 모아 넉넉한 보름달로 자라
혼기 놓친 백합 같은 규수와 글방 도령을
물레방앗간으로 밤마다 불러내어
아껴 두었던 시간을 시샘하는 눈길을 피해
숫처녀 가슴에 포근히 안긴다

살아서 돌아오는 오늘

죽음을 모르고 살아서 돌아오는 오늘
늘 새롭게 다가오는 모습에
덕유산 향적봉에 피어있는 상고대
그대 눈빛을 반짝이며
내일을 모르고 오늘을 뜨겁게 사랑하고 있다
길고 긴 여름날
하루밖에 못 산다는 하루살이도
내일을 모르고 오늘을 죽도록 사랑하고 있다
수명이 길어 천년 산다는
거북이는 뛰지도 못하고
날지도 못하고 오늘을 살고 있다
불사조라 부르는 봉황은 눈에 보이지도 않으며
백수의 왕자 사자는 물속에서 살 수가 없고
만물의 영장이라고 떠드는 인간도
한 백 년 살다가 죽는 것은 마찬가지
오늘도 잘 모르면서
내일을 걱정하지 마라

내일을 아는 신도 모자라고
넘쳐 죽지를 않는다

인생살이

밤새도록 걸어
서산을 내려오는 우람한 햇살에
서산 너머로 붉게 익어가는 청춘
너 가는 줄, 잘 몰라
잡지도 못하고 울지도 못하고
물끄러미 바라보며 오늘을 잠재운다
만약에
수만 분의 일이라도 세상이 어긋나
잠시나마 젊음을 되돌릴 수 있다면
무엇을 할 것인가!
또 생명의 끈을 잡고 방황을 하다가
어설픈 삶을 큰 가슴에 수채화로 아련하게 물들고
잊을 수 없는 추억은 물결 위에 희미해져
짙은 만남도 무정세월에 흐려져 가겠지만
이 세상에 태어난 것만으로
낙엽이 지면 괜히 미안하고
오늘을 살고 있는 것만으로도

꽃이 지면 왜 눈물이 나는지!
걸음마 배워 살아 보니까 강물 같더라
글을 배워 살다 보니까 구름 같더라
세상사 살고 보니까 바람 같더라
끝내 지울 수도 없는 주름진 나이
모르는 채 뿌리치고
천년 지기 사랑을 담으려 합니다

그렇게 사는 거지 뭐

평생을 집시로 이곳저곳
다녀 봐도 머물 곳 없어 바람은
바위로 살게 하여 주소서 소원을 빈다

일평생 세상구경 한번 못하고
비가 오나 눈이 오나 바람 부나
제자리 뜨지 못하고
흘러가는 구름을 부러워하며 바위는
물로 살게 하여 주소서 소원을 빈다

밤낮을 흐르고 흘러도
한평생 낮은 곳으로만 살아야 하나
가다가 낭떠러지 바위에 폭포로
온몸이 부서지고
말발굽 아래 짓밟혀 아파하며 물은
바람으로 살게 하여 주소서 소원을 빈다

해는 천년을 살 것처럼
눈부시게 떠오르지만
하루를 낮에만 살고
별은 죽은 듯이 못 살 것처럼 하더니
하루를 밤에만 살고
달은 죽었다가 다시 살고
살다가 다시 죽으며
낮에도 살고 밤에도 살면서
한 달을 그렇게 산다

우리네 인생 너와 나 하루를 살고
한 달을 살다가
그렇게 가는 거지 뭐

가을의 삶

삶의 무게는 모르는 것이 좋다
약속을 한 번도 어기지 않고
어둠을 걷어 올리는 햇살에
바람이 불면 그냥 좋아 춤을 추고
비가 오면 또 좋아 노래 부르고
천둥이치면 엄마가 아기를 포옹하듯이
앵두가 익어가는 사랑을 하며
주름 없는 세월을 살았지요!
그런 세월에게
추석이란 역을 지나며
오곡백과는 앞서거니 뒤서거니 승차를 하며
저마다 감추어 두었던 옷으로 갈아입으려고
지긋이 눈감으며 자리를 비워달라고 재촉을 한다
스치는 역마다 푯말 없이도 도착지를 스스로 알고
추자는 파랗게 수놓은 옷을 벗고
알밤은 밤송이를 벗으며 속살을 드러낸다
안성로 길모퉁이에 미소 짓는

코스모스는 가을을 잡고 어깨춤을 춘다
어떻게 잊을까!
잡을 수도 없는 세월
따라 가기도 힘든 세월
겹겹으로 엮어진 지인들
자주 만나기도 힘들고 오래 보기도 어렵지만
이 가을의 풍요로움을 모두 드리겠습니다
건강과 행복으로 듬뿍 담아가세요

오늘. 2

천 길 낭떠러지에서 외줄을 타고
아름답게 곡예를 하는
오늘을 함부로 쓰지 마세요
한발 건너 저승 문이
눈부신 가면을 쓰고
우리 곁을 기다리고 있습니다
세상의 부귀영화는 잠시입니다
살아있다는 떨림도 순간
구름에 달 가듯 흘러갑니다
한때, 천년을 빌려 빛나기도 했던
젊음도 주마등으로 이어져 있습니다
반짝이는 것들은 머물지 않고
오래된 마디는 끊어집니다
아직 사랑이 설익었다면
후회를 흔적 없이 태워
쉿물 같은 정을 쏟아 꽃을 피워보세요
오늘을

뜨겁게 군불을 지피는
내 손길이 가엾다고 보시면 안경을 벗으시고
버려진 자투리 시간 모아
가슴에 담아 세상을 위해 써보세요
오늘이, 그대에게
은혜를 아낌없이 갚을 것입니다

고드름. 2

한겨울 눈 오는 날
말그리 지붕 처마 끝에서 움막을 치고
몸이 꽁꽁 얼어붙도록
사랑한 죄
옥황상제에게 버림을 받아야 했던가
새벽이 되면 덕유산 향적봉에서
떠오르는 햇살이
미사일보다 빠른 화살을
틈새도 없이 쏘아
변치 말자 굳게 맺은 언약
버틸 힘은 물안개처럼 사라져
아침마다 땅을 치며 흘린 눈물
강물이 되어 손에 손을 잡고
앞서거니 뒤서거니
폭포에서 떨어지고
댐에서 머무는 수많은 날은
바람에 찬송가를 부르고

구름에 염불을 하며
별빛에 명상을 했다
끝내 기다림은 수문을 열어
오늘도 바다를 만나러 흘러간다

*말그리 : 안성면 금평리 두문마을

금연

담배와 인연을 끊어야 한다
천만 번을 외치고 결심을 하여도
유혹의 손길은 달콤하기만 하다
저놈들이
내 몸속에 좀도둑 되어 하루하루 커간다
그것을 알지 못하는 어리석은 몸
원망을 가득 채워 후회로 돌아올 때
때는 누렇게 변해있다
내 몸도 후회가 서산에 그림자처럼 쌓여가고 있다
아~차 정신을 차리고 뒤돌아보며
2011년 1월 11일 날
금연을 선포하고 담배를 매몰차게 버렸다
그 얼마 만인가
40년 가까이 친구처럼 애인처럼
슬플 때나 기쁠 때나 내 곁에 있어
안 보면 보고 싶고 보면 미운 놈과
영영 이별을 했다

이별은 그리움보다 고통이었다
어금니 다물고 참고 참아
365일 지나서야 고통은 꼬리를 내리기 시작하였다
아, 승리의 기쁨이
내 몸속에 청산으로 살아
성황당 탑처럼 쌓여가고 있다

적상산 조선왕조실록

구름이 머물고 바람이 자고 가는
적상산 붉은 치맛자락에
단풍잎 곱디곱게 물들이며
안국사와 호국사를 낳았다
병자호란과 임진왜란도
무주의 어머니 산 품속은 따뜻하였다
가지 많은 나무에 바람 잘날 없듯
호국사를 가슴에 묻고
비석만이 괴목리를 내려 보며 굳건히 서 있다
안국사 종소리는
실록 잃은 깊은 설움 달랠 길 없어
오늘도 하얗게 밤을 새우며
무너진 성벽에서 고독으로 울고 있다
6.25전쟁 때 평양으로 잡혀간 조선왕조실록
백 년이야 천 년이야 잊을 길 없어
법당에 촛불 켜고 목탁을 두들기며
법문 소리만이 높아간다

밤낮 손꼽아 기다려도
실록은 오지 않고 소식도 없어
천일폭포만 천 길 절벽 아래에 흘리는 눈물
남대천 금강을 따라 서해 바다로 흐른다

해설

좋은 날, 기쁜 시를 찾다

임영봉(시인)

'무주에 가면 누굴 만나야 무주를 알 수 있을까?'

이는 다름 아닌 이병수 시인이 무주 제일가는 사람임에 틀림없다.

어쩌다가 이병수 시인이 시집을 낸다기에 다른 누구보다도 먼저 그의 시집을 읽을 수 있는 영광을 얻었다. 능력에도 닿지 않은 서평을 달게 되었으니 말이다. 시집을 찬찬히 읽다가 보니 온통 무주 이야기이다. 무주 이야기가 아닌 시편이 아주 간간이 가뭄에 콩 나듯 발견되는 정도이지만 이도 무주를 이야기하기 위한 양념일 뿐이다.

> 40kg 몸무게를 저울에 달고
> 검자를 찍고 등급을 기다린다
> 수만 년을 지켜온 농자천하지대본의

대접은 해가 지날수록 소홀해지고
농민의 수고는 낭떠러지로 곤두박질하여
허름한 주머니가 또 가벼워져
피땀 흘린 보상은
FTA에 분노로 집결되어
우리의 생존권을 보장하라
자식같이 사랑하던 나락 가마니를
관청 광장에 탑처럼 쌓아놓고
두 주먹 불끈 쥐며 희망의 끈을 치켜 올린다
하늘이 무너져도 밥은 먹어야 산다
스스로 위안을 삼고
내년에는 농사를 더 잘 지어야지
다짐을 버릴 수가 없어
흙 묻은 잠바 속에 꼬깃꼬깃 집어넣으며
검사원의 손끝을 뚫어지게 바라보며
특등을 기원해 본다

—「나락 수매」 전문

'내년에는 농사를 더 잘 지어야지', '특등을 기원해 본다'에 이르면 시인은 영락없는 농사꾼이다. 근래 들어 우리나라의 농업은 이제 거의 바닥에 닿은 지경으로 여겨진다. 밭에서 수확하지도 못한 채 갈아엎는 일은 얼마나 많으며, 수매를 통한 폐기의 농산물은 또 얼마나 많은가. 우리나라에서 전국적으로 벌어지는 현상이니 무주라고 별수가 있겠는가.

그러한 중에도 아주 조그마한 희망의 끈을 놓지 않는 시인의 모습이 있으니 이도 또한 우리 농업의 현주소가 아니던가. 많은 농사꾼은 이미 도시 노동자로 모두 떠나지 않았던가. 지금까지 농촌에 남아 농사를 짓고 있는 농사꾼들은 이미 이 땅의 최고가는 애국자를 스스로 자처하는 고집쟁이인 셈이다. 그 속에 우뚝 시인 이병수도 있다.

땅을 일군다
희망을 뿌린다
생명을 키운다
기쁨을 수확한다
행복을 담는다

땅은 속이지 않고
세월은 거짓이 없다

—「땀방울」 전문

나는 진실 된 농사꾼의 삶을 바라보고 있으면 그야말로 눈물이 난다. 우리들 아버지가 그렇고, 어머니가 언제나 눈물 나게 하는 농사꾼이지 않았던가.

시인 이병수는 이 시에서 보듯이 거짓이 없는 진실한 사람이다. 시인은 그야말로 땀 흘리는 사람이며, 땀으로 삶을 설명한다. 살아가는 중에 시인이 땅을 일구고 씨앗을 뿌리는 모습은 한마디로 거룩하다. 농사짓는 일이 살아가는 길인 것이다. 땅의 일이 희망이요, 생명이요, 기쁨이요, 행복이 되기 위해서는 제 스스로 진실을 갖는 것이 최우선인 것이다. 시인은 다른 무엇보다도 농사일 자체가 스스로를 겸손하고 정직하게 하는 일이라는 것을 몸으로 체득하고 이를 실천하고 있는 듯하다. 필자가 그와 함께한 지가 수십 년을 헤아릴 즈음인데, 그동안 한 번도 그가 한눈을 팔지 않고 묵묵히 살아온 사람임을 필자는 놓친 적이 없다. 항상 만남은 만남대로, 멀리 있으면 멀리 있는 대로, 그 웃음새가 변함이 없다. 얼마 전에 약속한 반딧불 축제에서 만나자는 일도 잊지 않고 그대로 마음속에 꼭 쥐고 있다. 이번에 그를 만나면 막걸리 한 잔을 그득하게 따르고 싶은 마음이다.

아무려면 그렇지 그려. 때로는 살아가는 일은 깊은 상처이기도 한 것이지 그려. 한 평생 살아가는 삶이 어찌 온전하기만 하여 오래 오래 평안했으면 더없이 좋으련만, 살아가는 일 어찌 강을 건너지 않을 수 있겠는가. 어찌 산을 넘지 않을 수 있겠는가.

우리가 살아가는 길은 아버지, 어머니의 뒤를 따라가는 길이라던가. 구체적인 고통을 보여주지는 않고 있지만 아버지와 어머니, 부모님과 자식 간의 고통이 눈물과 침묵으로 사는 것임을 보여주는 시이다. 묻어놓은 비밀은 이제 잊혀지고 많이 치유되었겠지만 그려 어쩔 수 없지 않은가. 그저 우리들이 살아가는 거대한 짐이었음을 이제 시인은 제 스스로 알 수 있으리라.

어머니가 묻어놓은 비밀은
늘 눈물입니다
아버지가 감추고 있는 것은
무거운 침묵입니다
내가 갖고 있는 상처, 별이 되어
어머니 가슴에 가시가 되어 꽂혀있고
내가 버린 아픔은 달이 되어
아버지 가슴에 못이 되어 박혀 있습니다
세상 시름 다 잊고
떠도는 구름 속에

별빛이 숨어버리고
달빛이 갇혀 버리면
어머니의 눈물이
아버지의 아픔이
소낙비가 되어
강물 위에 쏟아집니다

고통을 쓸어내리며!

—「달을 보니 별이 그립다」 전문

필자는 시인 이병수의 집에 방문한 적이 있어 시인이 나고 자란 환경을 잘 알고 있다. 마을 동쪽으로 덕유산록이 흘러내린 곳에 말그리가 있고 거기 가장 앞선 집이 시인의 집이다. 덕유산(1614m)은 중부권에서 가장 높은 산이다. 그만큼 듬직한 크기를 갖는 산이다. 그 우뚝한 산에 별이 뜬다. 환갑이 지나도록 지워지지 않는 별은 시인을 얼마나 아프게 했을까. 잊을 수는 있겠는가. 과연 잊힐 수는 있겠는가. 그저 마음을 다독여 다정한 뜻으로 떠오를 수 있게 되기를, 눈물 거둘 수 있기를 간절히 바랄 뿐이다. 그렇다, 별 하나 새롭게 떠오르기를 기다릴 뿐이다.

덕유산에서 떠오르는 샛별 하나
유난히도 반짝이다
손에 잡히듯이 다가오더니
멀어지는 저 별은 누구 별!
눈밭에서 주워 봐도 임자가 없고
호수에서 건져 봐도 찾는 이 없어
밤마다 그리움으로 얼어붙은
내 창문을 열고 다가와
가슴 뜨거운 빛으로 온몸에 파고들어
눈물이 마른 수건은 심장 깊숙이 쌓여
가슴 아픈 못으로 남아
구름이 머물고 갈 때마다
눈물을 몰래 닦고
슬픔을 겹겹이 감춰
오십 년을 닦고 닦아
눈부시게 빛나는 샛별 하나
아홉 살에 헤어지면서
어머니가 주고 가신 선물을
고이고이 꺼내어 손에 들고

환갑이 지난 사내가 혼자 웁니다

—「별 하나」 전문

우리가 살면서 기다리는 일은 과연 무엇이며 시인 이병수가 삶을 완성한다면 무엇으로 보여줄 수 있는 것일까? 어쩌면 우리가 살아가는 인생이 통째로 집 한 채가 아닐까하는 느낌이다. 시인의 시 중에서 가장 깊은 기다림은 두 가지로 보인다. 하나는 과거에 대한 완성이고, 다른 하나는 미래에 대한 완성으로 여겨지는 것은 필자만의 생각일까. 집은 안과 밖으로 이루어져 있다. 우리가 몸과 마음으로 통합되어 온전한 한사람이 되듯이 집도 또한 그러하다. 안에는 사람이 있어야 온전한 집 한 채가 되는 데, 시인 이병수는 이를 잘 균형 짓고 있음을 본다. 다음 시 두 편을 서로 통합하여 읽으면 이는 더욱 확연하다.

시인이 어떤 세상을 꿈꾸고 있으며 이를 어떻게 실천하고 있는가를 확연하게 알 수 있다.

시 「집을 지으며」에는 한 사람의 생애가 고스란히 고여 있으며, 또한 한 사람의 소원을 아주 잘 보여주고 있는 수작이다. 시인의 꿈이 열매 맺는 장면을 아주 가까이 할 수 있는 작품이기도 하다.

시 「모르겠다」는 제사라는 주제를 놓고 형식과 내용에 대한 이야기인데 제목이 「모르겠다」라는 사실임에도 엄살로 느껴지는 것은 왜일까. 그야말로 진설도가 눈앞에 선한데 말이다. 제사는 세대와 세대를 넘어 전생과 현생, 현세와 내

세를 설명하는 장엄한 형식을 가지고 있는 우리의 전통 제례의식이다. 이는 곧 사람의 이야기이며 당연히 집안에서 살아가는 사람들의 가장 큰 뜻이 모인 행위이니 이는 집안을 지탱하는 가장 큰 사람들의 호흡임에 틀림없는 것이다.

집을 지으면 당연히 사람이 깃드는 게 이치이며 이 사람들이 따뜻하게 지내고자 도모하는 것이 곧 삶인 것이다.

이십 년은 부모에게 살았고
이십일 년은 내 인생이 시작되며
천 길 벼랑을 오르고
만 리 모퉁이 길을 걸으며
뒤돌아보지 않고 뛰고 뛰어
초가삼간 움막집에
흥부 자식보다 조금 적은
사 남매를 건강하게 키우고
돌아다보니 육십 환갑이 내일 모래인데
새집을 언제나 지어
아내와 애들에게 선물할까
사십 년을 꿈꾸어 온 일이다
누가 말했던가 꿈은 이루어진다고
드디어 계사년 환갑

새집을 4월에 시작하여
주황색 기와집을 완공하여
십일월 오일 입주식을 했다
궁궐이 이보다 더 좋을까
저승에 계신 부모님도 자식을
바라보며 참으로 대견 하구나
기뻐하시겠지요

—「집을 지으며」 전문

강산이 열 번 변해도
변할 줄 모르는 맏손자 사랑
늘 할아버지 제사상에
장손의 술잔이 먼저 올라간다
하늘보다 무거운 장손 멍에
딱 한 번만 벗어보리라
떼를 쓰고 빌어보았지만
한순간도 벗을 수 없는 굴레
죽어서도 변하지 않는 명예
아름다움으로 간직하기 위해
늘 제사 때마다 배우고 익혀
좌포우혜 어동육서 홍동백서 조율이시

잊어서는 아니 된다
사과 포도 참외 수박은 있으면 좋고
없어도 그만이다
갈치 꽁치 멸치 김치 고춧가루는
제사상에 놓아서는 아니 된다고
잊으려고 하면 신신 당부 말씀 모두 다
사람의 축복을 받는 음식인데
세상은 세월보다 빠르게 변해 가는데
영영, 놓지 말아야 하는 건지
지금도 나는 잘 모르겠다
누구의 잣대에
정답이 있는지
참말 모르겠네

—「모르겠다」 전문

우리는 항상 무엇인가를 향해서 가고 있다. 그게 희망이든 절망이든 길 위에 서있는 사람인 것이다. 우리가 이미 만난 모든 절망은 희망을 향한 처음이었음을 나중에야 깨닫게 되는 것이지만, 시인 이병수는 아직도 너무 많이 절망한다. 오히려 필자는 그의 절망의 크기에서 희망의 크기를 읽는다. 그렇다, 살아있는 자의 힘은 아픔을 끌어안는 힘에서 오는 것이다. 이 시인이 세상을 지치면서 만나는 많은 절망들이 희망으로 바뀔 때 세상은 정말 살만한 세상이 되는 것이다.

시인은 아직도 농사짓는 일에는 청년이다. 새로운 절망을 그러쥘 수 있는 농사꾼이다. 시인은 새로운 농법을 찾아 받아들일 수 있는 힘이 살아있는 농사꾼인 것이다. 새로운 농법을 찾아서 여기저기 배우러 나서는 모습을 보면 이병수 시인은 이 시대를 호흡하는 데 얼마나 부지런한 농사꾼인가.

그러나 시인은 여기에 함정이 도사리고 있다는 것을 아직 모르고 있는 듯하다. 농사꾼은 농사로 세상을 설명해야 한다는 사실이다. 농부 시인은 농사짓는 일이 소재이며 주제이어야 한다는 것이다. 농부가 가장 잘 할 수 있는 일이 농사이다. 그게 절망이면 절망인 대로, 희망이면 희망인 대로 농부로서의 시를 써서 보여줘야 한다는 사실이다. 그가 농사를 짓고 있다는 사실과 시편 여기저기에서 농사이야기를 보이기는 하지만 더 이상은 구체적이지 않다. 심지어는 어떤 농산물이 시인의 농사 주작목인지조차도 시집에서는 불분명하다. 이는 시인의 온몸을 전달하는 일에 큰 약점일 수도 있다. 아마도 이는 좋은 시집을 읽고 남는 작은 안타까움일 수도 있다.

이병수 시인은 지금 농사짓는 일이 삶의 전부이지 않은가. 이제 그에게 농사짓는 일이 세상 중심으로부터 멀어졌다는 뜻인가.

앞으로는 시인이 좀 더 농사짓는 일을 통하여 세상과 소통하는 자세로 긴장해 주었으면 하는 바람이다. 그렇다. 다음 시집에서는 깻잎 앞으로, 콩잎 앞으로, 팥잎 앞으로 좀 더 가까이 약진하는 자세를 가진 시를 보여주었으면 하는 바람이다. 필자로서 앞으로의 시편들이 더욱 기다려지는 이유이다.

이병수 시인이 언젠가 필자에게 남긴 대화중에는 다음과 같은 뛰어난 탁견도 있었음을 한마디 여기에 덧붙여 적는다.

'농사짓는 일 자체가 시이다, 따라서 모든 농부는 이미 시인이다.'

시 「쉬었다 가련다」와 「느릿느릿」은 이 땅의 시인이 가장 아름다울 수 있는 방법을 시사하고 있다. 우리가 살고 있는 이 땅에 천국은 없다. 다만 우리가 누릴 수 있는 것이 있기는 있다면 이는 시인 이병수를 닮아야 한다.

'밥만 먹고 일만 하는 중에도 꽃을 피울 수 있어야 한다'는 점이다.

삶은 고구마를 바구니에 담아 이웃으로 마실을 갈 수 있는 여유를 가질 수 있어야 하는 것이다.

나는 밥만 먹고 일만 하는데
세월이 내 거친 손을 잡고
봄 동산으로 데리고 와 꽃을 피우고
여름을 불러 정열을 불태우고
우수에 젖은 가을 단풍에
시인을 탄생시키고
겨울 눈보라는 철학자를 잉태하는구려

봄 여름 가을 겨울
너만 가거라

감칠맛 시인이고
깊은 철학이고
다 싫다
나는 이 자리에 쉬었다
가고 싶구나

—「쉬었다 가련다」 전문

벼 이삭 무게에
생명을 의지하며
봄날에 희망을 품고
여름날에 정열을 뿜어내고
가을날에 기쁨을 자아내고
눈 오는 겨울날
아랫목 구들장에
언 몸을 녹이며
달려온 세월보다
달려갈 세월이 빠른 날
삶은 밤고구마 들고
이웃으로 달려가
밤새도록 웃음꽃 피우고
정 가득 채우며
느릿느릿 걸어가리라

—「느릿느릿」 전문

필자는 시인이 아름다운 삶을 살고 있는 것을 본다. 세상 밖에 아무리 아름다운 일이 있다고 유혹해도 그는 넘겨다 보지 않는 사람이다. 논에 벼 이삭이 가을볕에 땡땡하게 익을 때에 혼자서 바람살을 흔들며 웃음새를 혼자 즐길 줄 아는 사람이다. 세상이 아무리 바빠도 말그리에 남아 머물며 제 깜냥껏 세상을 즐기고 있는 것이다.

무주에 이러한 시인이 제 자리를 지키고 있는 것은 한마디로 무주의 영광이요, 큰 보물인 것이다.

앞으로 시인 이병수가 이웃으로 달려가는 힘이 커지면 커질수록 무주에는 빛나는 아름다움이 성큼 더 커갈 것이다.

달을 보니 별이 그립다

2019년 9월 20일 초판 1쇄 찍음
2019년 9월 25일 초판 1쇄 펴냄

지은이 _ 이병수
펴낸이 _ 나문석
펴낸곳 _ 도서출판 두엄

등록번호 _ 제03-01-503호
주소 _ (41969) 대구광역시 중구 명륜로12길 21
대표전화 _ (053)423-2214
전자우편 _ dueum@hanmail.net

ISBN 978-89-85645-81-2 03810

* 후원 : 문화체육관광부 · 전라북도 · 전라북도문화관광재단
* 이 책은 (재)전라북도문화관광재단의 지역문화예술육성지원사업의 지원을 받아 제작 되었습니다.

이 도서의 국립중앙도서관 출판예정도서목록(CIP)은 서지정보유통지원시스템 홈페이지(http://seoji.nl.go.kr)와 국가자료공동목록시스템(http://www.nl.go.kr/kolisnet)에서 이용하실 수 있습니다.(CIP제어번호: CIP2019035732)